À SA MAJESTÉ L'EMPEREUR.

SIRE,

Un avis en date du 6 janvier 1869, émanant du cabinet de Votre Majesté (annexe n° 1), m'a informé qu'une Pétition, que j'y avais adressée au mois de septembre 1868, était renvoyée à l'examen de M. le Ministre de l'intérieur à qui toutes pièces et réclamations devaient être désormais transmises.

Que Votre Majesté, Sire, daigne me pardonner de venir encore aujourd'hui l'importuner, mais comme il m'est impossible d'obtenir une solution bonne ou mauvaise, j'ose de nouveau m'adresser à Elle pour lui exposer directement les faits qui se sont produits, et qui ont amené des conséquences les plus graves pour ma famille et pour moi.

Sire, autant que possible je serai bref, car je ne veux pas abuser des moments de Votre Majesté qui sont si précieux pour les intérêts de notre pays. — Peut-être trouvera-t-Elle quelquefois que je suis bien hardi dans mon langage ; — mais Elle daignera m'excuser, il est celui d'un de ses sujets, qui, depuis 18 mois, lutte contre l'intrigue, les illégalités et le parti pris, et qui n'a plus de confiance que dans la haute justice de son Souverain.

Mon langage, Sire, sera le récit exact de faits et je le tiendrai, non-seulement en mon nom, mais aussi en celui d'une famille nombreuse et d'une foule d'amis dévoués, qui habitent les environs de Fontainebleau, mon pays ; qui tous ont été profondément émus de ce qui m'est arrivé, et qui, comme moi, attendent avec impatience la décision que daignera prendre Votre Majesté.

Le 16 septembre 1867, par arrêté de M. le Préfet du Nord (annexe n° 2), j'avais été nommé, sur la proposition des Commissions administratives, Receveur des Etablissements charitables de la ville de Douai.

Par un deuxième arrêté du 2 novembre suivant, celui du 16 septembre 1867 a été rapporté en exprimant : *qu'après l'acte qui m'était reproché, il pourrait y avoir imprudence à me confier la gestion des Etablissements charitables de Douai.* (annexe n° 3.)

Cet arrêté était pris à la suite d'un rapport de M. l'Inspecteur Général des finances en tournée dans le Nord, qui avait provoqué une lettre de M. le ministre des finances à M. le Préfet du Nord.

Le rapport de M. l'Inspecteur Général avait été fait à la suite d'une vérification de la Recette des finances de Cambrai (Nord), dont j'étais encore le Caissier Fondé de Pouvoirs.

Voici, Sire, ce qui s'était passé :

Le 28 juin 1867, la vérification de la Caisse faite par moi à la fin de la journée a fait ressortir un excédant de fr. 1,700. — Après recherches, cet excédant n'ayant pu être expliqué, il a été constaté et mis de côté par moi. — Quelques jours après, le 6 juillet 1867, une somme d'environ fr. 2,000 manquait à la Caisse ; il fut encore impossible d'en découvrir la cause. — Comme il fallait combler ce déficit, j'ai cru devoir prendre l'excédant constaté 8 jours auparavant, auquel j'ai ajouté fr. 300 de ma poche ; sauf bien entendu de nouvelles recherches ou réclamations, car, comme je débutais comme Caissier, je doutais de moi-même, surtout dans une des fins de mois les plus chargées et au commencement d'un semestre où l'on a payer : — Les rentes sur l'Etat, les coupons du Crédit Foncier, les pensions civiles et militaires, la Légion-d'Honneur et les traitements civils, militaires et ecclésiastiques. Et tout cela, Sire, dans l'une des Recettes des finances les plus importantes du Nord.

Ces deux erreurs qui se compensaient étaient demeurées inexpliquées pour moi, quand un jour, en faisant une vérification générale du service, je m'aperçus qu'une différence de fr. 1,700 existait dans les valeurs de Portefeuille. — Remontant à la source, je vis qu'elle provenait d'une écriture mal passée au Journal, *le 28 juin 1867*, jour de l'excédant en trop, par l'employé chargé de la surveillance de la Comptabilité.

Profondément troublé par cette découverte, je fis immédiatement moi-même, et fis faire aux employés des recherches pour m'assurer que cette erreur existait bien réellement, car, Sire, il s'agissait là d'une perte de fr. 1,700, que je devais subir.

Avant que mes recherches fussent terminées, M. l'Inspecteur des finances Jobert vint vérifier la Recette des finances de Cambrai. — Je lui signalai *moi-même* de suite la différence qui existait, en lui affirmant *sur l'honneur* que je n'en avais pas profité. — Il formula son rapport à M. l'Inspecteur Général, qui vint lui-même à Cambrai, *en mon absence*, faire une contre-vérification, je crois, à la suite de laquelle il fit suspendre mon installation aux

Etablissements charitables de Douai, en attendant une décision supérieure ; 15 jours après j'étais révoqué.

Voilà, Sire, l'exposé rapide et succinct des faits.

Je vais maintenant prouver à Votre Majesté, que si on avait pas agi avec légèreté et précipitation, on n'aurait pas porté l'accusation qui a motivé ma révocation :

L'écriture incriminée n'était pas intentionnelle puisqu'elle a été passée *par l'employé chargé de la surveillance de la Comptabilité*, SANS AUCUNE PARTICIPATION DE MA PART. (*Il n'existe aucune écriture de ma main, ni sur le Journal, ni sur le Grand-Livre, ni sur le Livre Pièces de Dépenses).* — Peut-on supposer qu'en ayant eu connaissance, j'aie gardé le silence pour en tirer profit ? — Cette supposition tombe d'elle-même : — L'écriture est du 28 juin ; deux jours après la copie du Journal et tous les éléments de la Comptabilité pendant la dizaine devaient être envoyés à la Trésorerie générale dont le contrôle sévère m'était bien connu. — D'un autre côté l'Inspection des finances était attendue dans le Nord, dont elle a commencé la vérification dans les *premiers jours de juillet* ; en supposant que j'aie eu l'intention de détourner cette somme de fr. 1.700, j'aurais été bien imprudent, me sachant d'heure en heure sous le coup d'une vérification, de laisser volontairement subsister cette erreur. — Je ne pouvais pas non plus espérer qu'elle passerait inaperçue, car depuis 7 ans que je travaillais dans les Recettes des finances, je savais par expérience que rien n'échappe à l'Inspection des finances.

D'ailleurs pourquoi aurais-je fait connaître, *le jour même*, à tous les employés de la Recette, l'existence de cet excédant ? — *Je puis donner la preuve* de cette assertion à

Votre Majesté. Qu'Elle daigne se reporter à l'annexe n° 4 ; tous les autres employés existent encore, et on peut les interroger.

Me trouvais-je alors dans une position gênée ou douteuse ? — Ma conduite laissait-elle à désirer ? — Ces deux points, Sire, étaient importants à établir.

Si la plus simple enquête avait été faite, on aurait constaté que ma position, sans être celle d'un individu très-riche était au moins celle d'un individu un peu plus qu'à son aise et on aurait vu que ma conduite était régulière ; — j'irai plus loin, on se serait convaincu que les gens qui l'attaquaient étaient d'une immoralité publique devenue proverbiale, et qu'à ce titre, leurs dires ne devaient être admis que sous réserves.

Et puis, Sire, ce n'était pas à la légère que les commissions administratives des Etablissements charitables de Douai m'avaient choisi comme Receveur. Elles se composent en grande partie des magistrats les plus éminents près la Cour impériale de Douai, et certes, si on s'était donné la peine de les consulter, leur jugement m'aurait été favorable.

De plus, j'étais sur le point de m'allier à une honorable famille de Douai, dont le chef occupe une des dignités les plus élevées de la ville, et la célébration du mariage qui devait concorder avec mon entrée dans mon nouveau poste, avait été fixée au 21 octobre 1867, c'est-à-dire 8 jours avant l'arrêté de révocation, et toutes les formalités préliminaires en étaient remplies. — Ceci, Sire, aurait encore dû être une preuve en ma faveur, car avant d'admettre quelqu'un dans une famille, ordinairement on s'est toujours assuré qu'il en est digne. — Je ne comprends même pas qu'il y ait eu des gens assez audacieux pour incriminer ma conduite à la veille de cet événement : rien que ce fait, Sire, doit vous convaincre du peu de valeur de ceux qui l'ont osé, et qui, pour me servir d'une expression vulgaire, m'ont sans doute toisé à leur aune.

Et ma famille, Sire, ne devait-elle pas être aussi comptée dans la balance ! — Depuis longtemps mon père est fondé de pouvoirs de M. le Receveur des finances de Douai ; — Depuis 31 ans, il remplit des fonctions administrrtives, et, dans maintes circonstances il a dû payer de sa personne.

Tout cela réuni, Sire, n'a pas suffi à créer même le doute sur ma culpabilité, doute qui est toujours en faveur de l'accusé ! — Il a fallu que je succombe quand même, et, pour comble, c'est mon père, qui a été forcé, en l'absence de M. le Receveur des finances de Douai, en congé, de me refuser mon installation et de sévir contre moi.

Lorsqu'une accusation est faite contre un comptable la loi veut que les charges relevées contre lui, lui soient communiquées et qu'il fasse des observations écrites. — Or on ne m'a jamais rien communiqué ; En moins de 3 semaines, mon installation était suspendue ; j'étais jugé, condamné ; et... exécuté, si je puis m'exprimer ainsi, sans avoir pu élever la voix pour ma défense !

Comment ai-je appris la mesure dont j'étais l'objet : Par la famille avec laquelle je devais m'allier ! — Une personne charitable, et me voulant sans doute beaucoup de bien, s'était empressée d'aller lui communiquer officieusement la lettre de M. le Préfet ainsi que son arrêté, et à moi, Sire, on est encore aujourd'hui à me signifier ma révocation. — J'ai été un an sans pouvoir obtenir une copie de l'arrêté, ainsi que Votre Majesté pourra s'en assurer par les dates des pièces nᵒˢ 5 et 6.

Je suis profondément convaincu, Sire, que j'ai été l'objet de dénonciations, d'abord près de l'Inspection Générale, parce qu'on était sûr qu'elle trouverait quelque chose d'irrégulier à la Recette de Cambrai, et ensuite près de M. le Ministre des finances et M. le Préfet du Nord, pour continuer l'*œuvre* : c'est-à-dire MA RUINE.

Voici les preuves sur lesquelles je me fonde :

Depuis près d'un mois l'Inspection des finances avait quitté le Nord, quand revenant soudainement sur ses pas, elle vint à Cambrai.

J'avais pris jour avec mon successeur, qui était précisément l'employé chargé de la comptabilité, et celui qui avait mal passé l'écriture, pour lui remettre mon service et rembourser en même temps les fr. 1700, sauf nouvelles recherches ; c'est justement *la veille de ce jour* et avant l'heure réglementaire de l'ouverture du bureau que se présentait M. l'Inspecteur des finances Jobert ;

Au même moment des lettres anonymes pleuvaient de tous côtés, m'accusant de faits les plus graves et les plus odieux.

Certains individus me mettaient publiquement en cause dans les cafés, offrant de parier ce qu'on voudrait que je ne serais pas installé ; — D'autres, plus prudents et par conséquent plus dangereux, faisaient répandre par des tiers, tels par exemple que par leurs domestiques, les plus détestables insinuations qu'il soit possible d'imaginer.

Et cependant, Sire, à cette époque aucun rapport n'avait encore été fait contre moi !...

M. l'Inspecteur Général a sans doute agi sous le coup de ce déploiement de *forces?* Mais avant de faire suspendre mon installation, il aurait bien dû s'informer, car il était évident qu'un acharnement semblable n'était pas naturel.
— Aussitôt mon installation entravée, certaines influences, Sire, ont eu raison du reste,

Sire, je vais passer maintenant à l'analyse des pièces motivant ma disgrâce.

La lettre de M. le Préfet du 2 novembre 1867, annexe n° 7, dit que M. le Ministre des finances exprime la pensée *qu'après un tel acte d'infidélité que celui qui a été constaté à ma charge,* IL POURRAIT *y avoir imprudence à me confier la gestion des Etablissements charitables de Douai.*

Je vais me permettre de faire remarquer à Votre Majesté, Sire, que cette rédaction laisse à désirer au point de vue de la logique.

Quand on dit qu'un acte a été constaté, c'est donc qu'il existe réellement, qu'il est prouvé; qu'aucun doute ne peut être admis à son égard; or, si un acte d'infidélité a été *constaté* à ma charge, Sire, *il y avait* et quand bien même, imprudence à me confier la gestion desdits Etablissements charitables. — Pourquoi dit-on dans la lettre en question *qu'il pourrait y avoir.* Il semblerait qu'il y a là une hésitation. — Cette phrase me paraît avoir été écrite pour être comprise comme on le voudrait bien.

L'arrêté de M. le Préfet du Nord, annexe n° 3, ne parle plus *d'acte d'infidélité.* Il dit seulement *qu'après* L'ACTE *qui m'est reproché....*

Pourquoi avoir hésité à motiver cet arrêté conformément à la lettre de M. le Ministre des finances ?

Quand on prend une décision de cette importance contre quelqu'un, c'est qu'on est sûr du fait qui la motive ; — Que Votre Majesté daigne le remarquer, Sire, le doute est encore plus grand dans l'arrêté de M. le Préfet, que dans la lettre de M. le Ministre des finances.

Du reste quand on marche avec la légalité et la justice, on ne craint pas de mettre ses actes au grand jour ; on ne craint pas de signifier à un individu une décision qui le concerne et on ne va pas ténébreusement la communiquer à certaines personnes, quand on sait que cette communication devra l'abattre irrévocablement. On ne traite pas pour ainsi dire de gré à gré de la position et de l'honneur d'un citoyen ! Votre Majesté, Sire, pourra s'assurer par l'annexe n° 7 que la Sous-Préfecture de Douai a été mise de côté dans cette affaire, et que le tout s'est traité directement entre la Préfecture et la Mairie de Douai.

Pourquoi a-t-on agi ainsi ? — J'appellerai spécialement l'attention de Votre Majesté sur les faits suivants et Elle aura une réponse à cette question.

Aux termes de l'art. 1220 de l'Instruction Générale des finances, les Receveurs des Établissements charitables ne sont révocables que par M. le Ministre de l'intérieur sur la proposition des Préfets ; — Or l'arrêté préfectoral qui me nommait, a purement et simplement *été rapporté* par la Préfecture du Nord, (annexe n° 3).

D'après les règles administratives, quand une décision quelconque concerne un fonctionnaire, la notification doit lui en être faite. — J'ai déjà dit à Votre Majesté, Sire, en lui racontant comment j'avais appris ma disgrâce, que jusqu'à ce jour aucune notification ne m'avait encore été faite.

Les Commissions administratives n'ont jamais été consultées; comme Votre Majesté, Sire, peut s'en assurer par l'annexe n° 8. On leur apprenait que j'étais révoqué en même temps qu'on les priait de faire de nouvelle propositions, et cette pièce se termine ainsi :

« A mon avis, il serait facheux de faire de cette place un « sujet d'avancement pour les employés des Recettes du « Gouvernement. » ....

Cette exécution sommaire, Sire, était faite pour commettre plus à l'aise de nouvelles illégalités que je dois signaler à Votre Majesté, car si elles n'ont point été le point de départ de ma disgrâce, elles en sont une des causes principales.

Aux termes de l'art. 1273 de l'Instruction Générale des finances, il est prévu et interdit à un comptable d'être le parent jusqu'au dégré de cousin germain, d'un fonctionnaire, qui par la nature de ses fonctions, peut contrôler les actes de sa gestion ; — Or, le successeur qu'on m'a nommé est le frère d'un des premiers administrateurs de la ville qui certifie et contrôle journellement les actes du Receveur des Etablissements charitables.

De plus, Sire, ce comptable touche un traitement de disponibilité de l'Etat pour ses anciennes fonctions, inçompatibilité prévue et interdite par ladite instruction Générale des finances.

Dans tous les événements petits ou grands qui se produisent dans ce monde, la rumeur publique a toujours une version, qui, dégagée de ses exagérations, a quelquefois un certain fonds de vérité. — Dans cette circonstance, voici ce que m'a appris l'opinion publique :

Lors du voyage de Votre Majesté à Lille, un fonctionnaire avait été proposé pour être élevé à la dignité de Chevalier de la Légion d'honneur. — Pour un motif ou pour un autre on l'aurait rayé de la Liste; — Il se serait amèrement plaint de cette déception, et il y avait de quoi, Sire, car il avait été convoqué pour être présenté à Votre Majesté. — Comme ma place se trouvait là et qu'on avait des raisons pour le ménager on se serait empressé de *fixer mon sort* pour pouvoir le dédommager de la dignité qui ne lui avait pas été conférée. — En un mot j'aurais payé les frais de la guerre.

L'honneur d'un citoyen en échange d'une dignité !...

Votre Majesté, Sire, ne trouve-t-elle pas que ce serait un peu cher si le fait était vrai ?

Ne serait-ce pas inoui ?...

Cette version est cependant répandue dans le public et jusqu'à présent rien n'est venu me prouver qu'elle était fausse. Elle me laisse donc un souvenir peu agréable de l'Epoque du Voyage de Votre Majesté parmi nous, Sire !

Pour terminer sur ce point, je ferai la réflexion : Que si on était à la question des *ménagements*, j'avais le droit autant que n'importe qui à ce qu'on en ait pour moi.

Après m'être vu près d'une belle position, je me suis donc trouvé abattu, écrasé et jeté au jugement de l'opinion publique, comme conséquence d'une faute que je n'avais pas commise. — Heureusement que la Providence est toujours là qui veille, et qu'elle vient, au moment ou on s'y attend le moins, déjouer les combinaisons de la malveillance et de l'abus. — Elle est venue fournir, Sire, une preuve irrécusable de mon innocence.

Par lettre en date du 10 janvier 1868, annexe n° 9 , M.

le Receveur des finances de Cambrai informait mon père qu'il était heureux de pouvoir lui rembourser la somme de fr. 675, à compte sur celle de fr. 1700, que j'avais versée dans sa caisse.

Ce remboursement provenait d'une erreur commise à mon préjudice le *6 juillet 1867* dans un Bordereau de coupons du Crédit Foncier. — La Trésorerie Générale du Nord n'avait pas vu cette erreur lors de sa vérification des pièces de la première dizaine de juillet, et c'est l'administration du Crédit Foncier elle-même, qui la signalait à 6 mois de distance. (Annexe, n° 9).

Votre Majesté, Sire, remarquera sans doute que cette erreur de fr. 675 *du 6 juillet 1867*, jour où j'avais dû combler un déficit *de fr. 2000* avec les *1700* trouvés en trop le *28 juin, précédent*, c'est-à-dire 8 jours avant, devait évidemment faire partie de ce *même déficit*.

N'est-ce pas là, Sire, une preuve matérielle d'un bien grand poids à ajouter aux preuves morales que j'ai soumises plus haut à Votre Majesté?

A la suite de ce remboursement mon père adressa un mémoire à M. le Ministre des Finances ou il lui demandait une réhabilitation pour moi : Ce mémoire est toujours resté sans réponse. — C'est le même, Sire, qui était joint à ma Pétition à Votre Majesté, du mois de septembre dernier.

Au même moment, mon père faisait connaître à M. l'Inspecteur Général ce qui se passait, et ce dernier à deux époques différentes lui écrivit les deux lettres que Votre Majesté trouvera sous les annexes n°s 10 et 11.

Que Votre Majesté, Sire, daigne comparer ces deux documents avec la Lettre de M. le Préfet annexe n° 7. — De suite, Elle verra la contradictiou flagrante qui existe entre ces pièces.

D'un côté, on dit que j'ai commis un *acte d'infidélité* et qu'il a été constaté par le rapport de M. l'Inspecteur Général; — D'un autre, ce dernier dit n'avoir jamais attaqué mon *honneur*. — Dans sa lettre du 16 juin 1868, annexe 11, il trouve même que mon père a exagéré *singulièrement les choses*.

Puisque M. l'Inspecteur Général n'a jamais attaqué mon honneur, il n'a donc jamais dit que j'avais commis un acte d'infidélité. — Alors pourquoi l'a-t-on écrit au Ministère des finances, où l'on a agi d'après son rapport? De ceci je ne puis que conclure : Qu'on avait un intérêt bien puissant à m'enlever ma place pour faire dire à M. l'Inspecteur Général ce qu'il prétend n'avoir pas dit.

Là est l'explication de la phrase tortueuse dont on s'est servi.

M. l'Inspecteur Général m'a seulement désigné, dit-il, comme n'étant pas *apte* à remplir les fonctions de comptable. — Je lui demande bien pardon; rien n'a pu l'autoriser à faire cette conclusion. — Qu'il ait dit que j'étais un mauvais Caissier, je ne lui conteste pas ce droit, car ce n'est qu'après une longue pratique qu'on arrive à en faire un bon, et je n'en remplissais les fonctions que depuis 6 mois. — Mais comme comptable, aucun fait à ma charge n'a pu être signalé, puisqu'à Cambrai jamais je ne me suis occupé personnellement de comptabilité. *Je surveillais et dirigeais spécialement le service des Percepteurs et Receveurs des communes et Etablissements charitables*; et, si on voulait bien encore aujourd'hui se reporter à la direction que je donnais à ces services à cette époque, on verrait que je pouvais passer au moins pour un *Comptable passable* ; Du reste depuis 7 ans que je travaillais dans les Recettes des Finances, je croyais avoir acquis cette qualité. — Si M. l'Inspecteur Général a eu peur que je compromette les intérêts des Etablissements charitables, comme caisse, c'est-à-dire au point de vue des erreurs que j'aurais pu commettre, il pouvait très bien se rassurer, en constatant qu'à la Recette de Cambrai on avait journellement un mouvement de fonds de cent à deux cent mille francs, ce qui suppose un public nombreux et des opérations multiples, tandis qu'aux établissements charitables de Douai, le mouvement de fonds journalier était insignifiant, et, le public par conséquent très peu nombreux. — Ce qui aurait dû le rassurer davantage, c'était le cautionnement de fr, 35,000, que j'allais verser en rentes sur l'Etat , et que je me trouvais au milieu de ma famille.

En dehors du fait qu'on a si étrangement dénaturé, qu'a relevé l'Inspection des finances ? je n'en sais rien, puisqu'on n'a pas daigné me communiquer son rapport ! — Je crois pouvoir affirmer qu'elle n'avait rien autre chose à dire.

Dans toute cette malheureuse affaire, Sire, l'Inspection des finances a ouvert la porte, involontairement sans doute à la violation de la légalité en écoutant les calomnies de gens intéressés à me perdre, et les accusations irréfléchies et peu dignes de ceux-là même qui auraient dû me défendre.

Quant au reproche qui m'a été fait de n'avoir pas prévenu M. le Receveur des finances de Cambrai des deux erreurs, ce dont on a fait le principal argument pour prouver ma culpabilité, Votre Majesté, Sire, daignera comprendre qu'on avoue pas facilement qu'on s'est trompé, surtout à la veille de prendre une position importante ; Elle daignera aussi reconnaître que, si on avait bien voulu tenir compte de la preuve que je donnais, que le jour même de l'erreur cinq personnes la connaissaient, l'argument principal tombait de lui-même. — Tout a été mis en œuvre pour m'empêcher de produire librement cette dernière preuve.

Qu'on m'ait fait le reproche de n'avoir pas surveillé d'assez près la comptabilité de la Recette des finances, je n'ai qu'à m'incliner.

Qu'on m'ait dit qu'avant toutes recherches, j'aurais dû combler le déficit, sauf vérification , c'est encore vrai.

J'accepte ces deux reproches.

Mais Votre Majesté, Sire, jugera si ils méritaient la punition qui m'a été infligée et qui se résume ainsi :

Perte de mon emploi de Receveur des Etablissements charitables de Douai, qui valait cinq mille francs ;

Rupture d'un mariage que je devais contracter le 21 octobre 1867 ;

Perte du bénéfice accordé par l'art. 1209 de l'Instruction Générale des finances aux employés des Recettes des finances qui ont au moins 7 ans de service ;

Impossibilité d'être admis dans aucune administration de l'Etat ;

Enfin mis sous le coup du jugement plus ou moins juste de l'opinion publique, le plus terrible.

Voilà, Sire, la position qu'on a faite à un de vos sujets ;

— Voilà ce qu'ont réussi à obtenir, la malveillance et la jalousie, par des moyens reprouvés de tous les honnêtes gens.

SIRE,

Je suis persuadé que Votre Majesté est convaincue que j'ai été châtié pour une faute que je n'ai pas commise et

. . . .
. . . .
. . . .
. . . .
. . . .
. . . .
. . . .
. . . .
. . . .
. . . .
. . . .
. . . .

Je suis avec un profond respect,
SIRE,
De Votre Majesté,
Le très humble,
Très obéissant et fidèle sujet,

E. GOLLARD.

Douai, le 15 mars 1869.

CABINET

DE

L'EMPEREUR.

—

Le chef du Cabinet de l'Empereur a l'honneur de vous prévenir que, par ordre de Sa Majesté, votre réclamation, dont le Cabinet est maintenant entièrement dessaisi, a été transmise à l'examen de M. le Ministre de l'intérieur, à qui toutes pièces ou réclamations doivent être adressées désormais.

Palais des Tuileries, le 6 janvier 1869.

EMPIRE .FRANÇAIS

PRÉFECTURE DU NORD

Nous, PRÉFET du département du Nord, Commandeur de l'Ordre Impérial de la Légion-d'Honneur,

Vu, etc. :

ARRÊTONS :

Art. 1ᵉʳ. M. Gollard, Emile-Alexandre, fondé de pouvoirs du Receveur Particulier des finances de Cambrai, est nommé Receveur des Hospices et du Bureau de bienfaisance de Douai, en remplacement de M. Lacombe, décédé ;

Art. 2. Le Cautionnement de ce Comptable est fixé à trente-cinq mille quatre cent quarante-deux francs (dont six mille huit cent soixante-seize francs pour le bureau de bienfaisance et vingt-huit mille cinq cent soixante-six francs pour les Hospices) formant le dixième des recettes ordinaires desdits Etablissements pendant le dernier exercice ;

Art. 3. M. le Sous-Préfet de Douai est chargé de l'exécution du présent arrêté dont une expédition sera adressée à M. le Trésorier-Payeur-Général des finances.

Fait à Lille, le 16 septembre 1867.

Signé : L. SENCIER.

Pour extrait conforme :
Le Conseiller faisant fonctions de Secrétaire-Général,
Signé : DES ROTOURS.

Pour copie conforme :
Le Trésorier-Général du Nord,
PPon. de M. AKERMANN,
Signé : CROUAN.

(N° 3).

EMPIRE FRANÇAIS

PRÉFECTURE DU NORD

Nous, PRÉFET du département du Nord, Grand-Officier de l'Ordre Impérial de la Légion-d'Honneur,

Vu notre arrêté en date du 16 septembre dernier. qui nomme M. Gollard, Emile-Alexandre à l'emploi de Receveur des Etablissements charitables ;

Vu le rapport de M. l'Inspecteur général des finances concernant M. Gollard, fondé de pouvoirs de M. le Receveur particulier des finances de Cambrai ;

Vu la lettre en date du 14 octobre dernier, par laquelle ce haut fonctionnaire demande de différer l'installation de ce nouveau comptable;

Vu la lettre en date du 30 dudit mois d'octobre dernier, par laquelle Son Excellence le Ministre des finances approuve ce surcis d'installation et exprime sa pensée, qu'après l'acte reproché audit sieur Gollard. il pourrait y avoir imprudence à lui confier les deniers des établissements précités.

Arrêtons:

Art. 1er. — Notre arrêté sus-visé du 30 septembre dernier est rapporté.

Art. 2. — Une expédition de cet arrêté sera immédiatement adressée aux deux administrations charitables précitées.

Fait à Lille le 2 novembre 1867.

Signé **L. SENCIER.**

ÉTUDE
de
M° BERTIN
HUISSIER
28, Rue de l'Arbre-à-Poires
A CAMBRAI
(NORD).

Ce 30 Mars 1868.

MONSIEUR,

Mon fils se rappelle parfaitement qu'au moment de l'erreur de caisse ou plutôt d'écriture, vous l'avez signalée immédiatement ; il s'en souvient d'autant mieux qu'il a été employé plusieurs jours pour la retrouver.

Il s'agissait je crois d'une inscription de rente mal portée, l'erreur était de plus de 1,800 fr. Ce chiffre, je me le rappelle moi-même, car il me l'a dit immédiatement. Je me rappelle aussi que mon fils a été très-étonné du désagrément qui vous est arrivé, puisque personne dans le bureau n'ignorait l'erreur en question.

Nous nous tenons à votre disposition pour tout ce qui pourrait vous être utile et vous prions d'agréer, Monsieur,

Nos salutations empressées.

BERTIN.

Douai, le 23 janvier 1869.

Le Maire de la ville de Douai, Chevalier de l'Ordre Impérial de la Légion-d'Honneur, à M. E. Gollard,

Monsieur,

En réponse à votre lettre du 22 courant, j'ai l'honneur de vous informer que nous ne possédons pas dans nos cartons la lettre de Son Excellence le Ministre des finances en date du 30 octobre 1867, dont vous désireriez copie. Nous n'avons que l'arrêté de M. le Préfet du Nord du 2 novembre suivant, rapportant purement et simplement son arrêté du 16 septembre qui vous nommait Receveur des Établissements charitables de Douai.

Agréez, Monsieur, l'assurance de ma considération distinguée.

BEHARELLE, *Adjoint.*

Préfecture du Nord.

1ᵉ DIVISION.

Bureau des Hospices.

OBJET :

DOUAI

Établissements charitables.

RECEVEUR.

Lille, le 6 février

Monsieur,

J'ai l'honneur de vous adresser ci-joint une copie de l'arrêté qui fait l'objet de la demande contenue dans votre lettre du 25 janvier dernier.

Agréez, Monsieur, l'assurance de ma considération distinguée.

Pour le Conseiller d'Etat :

Le Secrétaire général délégué,

Signé: BRASSIER.

Lille, le 29 novembre 1867.

Monsieur le Maire,

Par sa lettre du 30 de ce mois, concernant le sieur Gollard Emile-Alexandre, nommé, par mon arrêté du 16 septembre dernier, Receveur des Etablissements charitables de Douai, Son Excellence le Ministre des finances m'informe que non-seulement elle approuve les dispositions prises par l'Inspection des finances en vue de différer l'installation de ce comptable, mais qu'elle pense qu'après un tel acte d'infidélité que celui qui a été constaté à sa charge, il pourrait y avoir imprudence à lui confier la gestion des deniers desdits établissements.

Je vous prie de vouloir bien en faire part immédiatement aux Commissions administratives et les inviter en même temps à me faire de nouvelles propositions pour pourvoir à l'emploi dont il s'agit.

Ci-joint une copie de mon arrêté rapportant celui du 16 septembre précité.

Agréez, etc.

Signé : L. SENCIER.

(N° 8.)

Douai, le 5 novembre 1869

Messieurs,

Le sort de M. Gollard vient d'être fixé par un arrêté préfectoral dont j'ai l'honneur de vous transmettre copie. Je
vous adresse en même temps communication de la lettre
de M. le Préfet et vous engage à préparer de nouvelles pré-
sentations. Décidé d'avance à me rallier à vos propositions,
je voudrais cependant en avoir connaissance avant trans-
mission à la Préfecture, afin de pouvoir vous faire mes observations en temps utile. Vous connaissez le sentiment qui
m'anime et que vous partagez, ce serait d'accorder autant
que possible le poste de Receveur des hospices à un candi-
dat Douaisien ou se rattachant à la cité par des services ou
des parents. Il serait fâcheux, à mon avis, de faire de cette
place un motif d'avancement pour les employés des recettes
du gouvernement.

Recevez, etc.

Signé : ASSELIN.

EXTRAIT d'une Lettre de M. le Receveur des finances de Cambrai à M. Gollard, père.

Cambrai, 10 janvier 1868.

Monsieur ,

J'ai l'honneur...............................
....
....
....
heureusement que le Crédit Foncier a relevé l'erreur et que
la Trésorerie m'en a tenu compte au mois de décembre
dernier. J'ai attendu que le titulaire de ces titres se pré-
sente pour toucher ses arrérages de janvier pour vous parler
de cette affaire.................................
....
.... ; Je m'empresse donc de
verser cette somme pour votre compte à M. Basquin,
notaire, vous en trouverez ci-contre le reçu régulier......
....
....

Veuillez, etc.

Signé : E. DOLLFUS.

MINISTÈRE
DES FINANCES.

—

Inspection générale.

Paris, le 17 janvier 1869.

Monsieur,

Je m'empresse de répondre à la lettre que vous m'avez fait l'honneur de m'écrire le 16 de ce mois, car je comprends votre profond chagrin et tous vos embarras, et j'en suis vraiment peiné.

Vous m'expliquez clairement que l'excédant de 1,700 fr. qui s'est produit dans la caisse *au mois de juin* s'est trouvé atténué dès le 6 juillet de 675 fr. par suite d'une erreur commise en faisant le relevé des pièces de dépenses acquittées pour le compte du Crédit foncier.

Il peut se faire, et je veux le croire, que d'autres erreurs en même nature soient venues successivement couvrir en totalité l'excédant de 1700 fr. ressorti en juin ; mais vous savez comme moi, Monsieur, qu'un comptable ne doit et ne peut se considérer comme en règle quand, après avoir trouvé un excédant dans sa caisse, cet excédant disparaît successivement par des erreurs en moins commises plus ou moins longtemps après.

Mon devoir était donc de déclarer que Monsieur votre fils n'était pas apte aux fonctions de comptable. Je n'ai point entendu incriminer son honneur ; mais son aptitude m'ayant paru insuffisante, j'ai dû le déclarer.

Veuillez agréer, Monsieur, l'assurance de ma considération distinguée.

L'Inspecteur général des finances,

H.-M. DE MAISONNEUVE.

MINISTÈRE
DES FINANCES

—

Inspection générale

—

Paris, le 16 juin 1868.

Monsieur,

Je m'empresse de répondre à votre lettre en date d'hier qui me parvient à Paris où je ne suis que pour quelques jours.

Je compatis vivement à votre peine et je voudrais pouvoir l'adoucir ; vous me dites que la décision prise à l'égard de M. votre fils entâche votre honneur et je trouve que vous exagérez singulièrement les choses :

Voici ce qui s'est passé :

La gestion de votre fils à Cambrai a été trouvée irrégulière par l'Inspection des finances ; j'ai dû la signaler comme telle en demandant si c'était le cas de lui donner l'emploi de Receveur des Hospices à Douai.

Le Ministre et le Préfet du département ont pensé qu'il fallait désigner un autre comptable pour les Hospices de Douai ; et c'était vous-même, Monsieur, que je considérais comme devant être appelé à cet emploi.

Cette nomination ne s'est malheureusement pas faite et vous avez formé une demande à l'effet d'obtenir une perception Personne plus que moi ne désiserait vous voir l'obtenir : seulement je n'ai pas d'action sur la direction du personnel au ministère des finances ; mais si vous jugiez à propos de faire une autre pétition que M. Lambrecht ou toute autre personne en position de le faire voulût bien se charger de remettre au Ministre, je serais tout disposé à l'apostiller en disant qu'ayant eu à provoquer une punition contre le fils, je m'estimerais heureux d'être utile au père, qui compte d'honorables services dans l'administration des finances.

Recevez, Monsieur, avec l'assurance de toute ma sympathie, celle de ma considération distinguée.

H.-M. DE MAISONNEUVE.

Douai. — Imp. de L. CRÉPIN, rue de la Madeleine, 23.

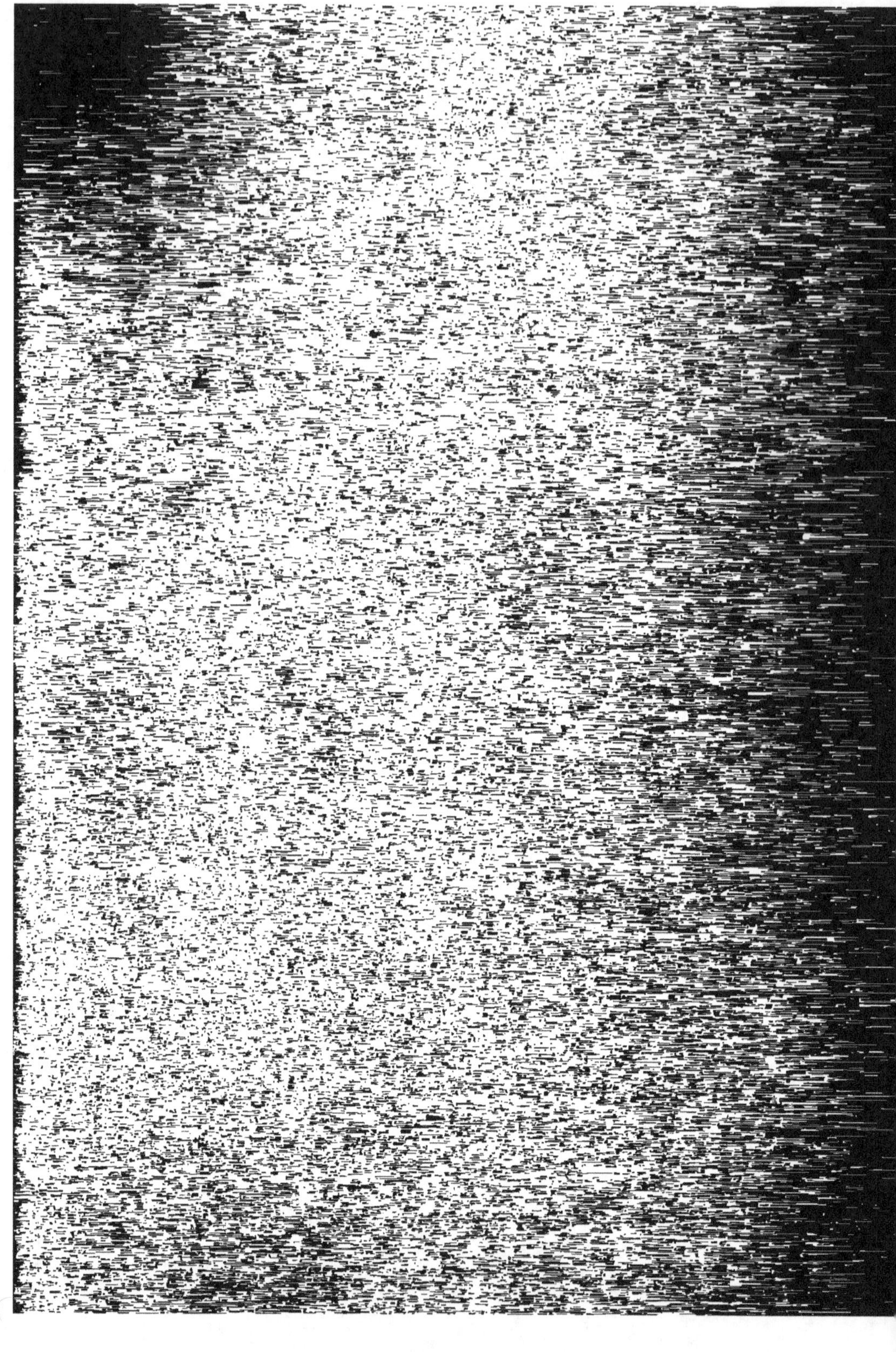